A B C Money For kids!

por Oliver J Cantillo

Índice

Agradecimientos 1

Contenido 2

Capítulo 1: ¿Qué es el dinero? 3

Capítulo 2: ¿Cómo se obtiene el dinero? 13

Capítulo 3: Ahorrar e Invertir: 28

Capítulo 4: Diferentes tipos de dinero: 40

Capítulo 5: Compartir y Donar: 51

Capítulo 6: Juegos y Actividades: 60

Capítulo 7: A mamá y papá 66

Conclusiones. 68

Agradecimientos Super Especiales

Agradecimientos

Ante todo, doy gracias a Dios por darme la sabiduría y la inspiración necesarias para crear este libro. Su guía y apoyo han sido fundamentales en cada etapa de este proceso creativo.

A mi esposa, Mildrey, quiero expresarle mi profundo agradecimiento por su inquebrantable paciencia, su constante apoyo y su amor incondicional.

A los valientes padres de los niños que tendrán la oportunidad de explorar estas páginas, les agradezco por su compromiso con la educación y el desarrollo de sus hijos. Su dedicación y apoyo son fundamentales para el crecimiento y el aprendizaje de la próxima generación.

Y, por último pero no menos importante, a los niños, los verdaderos protagonistas de esta historia, les doy las gracias por su insaciable hambre de conocimiento, su curiosidad sin límites y su capacidad para ver el mundo con ojos asombrados. Son ustedes, con su entusiasmo y su espíritu aventurero, quienes hacen que este libro cobre vida y cumpla su propósito de educar, inspirar y crecer en cuanto a la libertad que da el conocimiento.

Gracias a todos los que han contribuido de alguna manera a la realización de este proyecto, desde su autor hasta el repartidor que lo entrega en sus manos. Que este libro sirva como una herramienta para fomentar el amor por el aprendizaje, la generosidad y la comprensión entre las generaciones venideras.

Con gratitud y Amor,

Oliver J Cantillo

Contenido

El libro trata sobre el dinero y cómo entenderlo desde una edad temprana.
A través de historias divertidas y ejemplos simples, aprenderás sobre qué
es el dinero, cómo se gana, cómo se ahorra y cómo se gasta de manera responsable.
También descubrirás la importancia de compartir y donar parte del dinero para
ayudar a los demás con este libro aprenderás habilidades financieras básicas
que te servirán para toda la vida.

Capítulo 1: ¿Qué es el dinero?

Imagina que el dinero es como un papel especial que usamos para intercambiar cosas que queremos. Es como si fuera una especie de bendición que nos permite obtener juguetes, comida y otras cosas que nos hacen felices.

El dinero viene en dos formas principales: monedas y billetes. Las monedas son pequeñas y redondas, y vienen en diferentes tamaños y colores. Los billetes son más grandes y planos, y tienen números y dibujos en ellos que los hacen únicos.

Cuando queremos algo, como un helado delicioso o un juguete nuevo, usamos nuestro dinero para comprarlo. Entonces, damos algunas monedas o un billete al vendedor, y a cambio, él nos da lo que queremos. Es como un trueque, pero mucho más fácil y rápido.

El dinero nos ayuda a hacer muchas cosas, como comprar cosas que necesitamos y también ayudar a otras personas. Pero recuerda, el dinero es importante, ¡pero también lo son otras cosas como el amor, la amistad y la diversión!

Trueque: Es cambiar algo que tienes por algo que quieres. Imagina que tienes un juguete que ya no usas mucho, pero tu amigo tiene otro juguete que realmente te gusta. Entonces, podrías decirle a tu amigo: "¡Hey, me encantaría tener ese juguete tuyo! ¿Te gustaría intercambiarlo por mi juguete?"

¿Quieren aprender sobre las diferentes formas de dinero? ¡Vamos a descubrirlo juntos!

Imagina que el dinero es como tus juguetes favoritos, ¡pero en forma de papel y metal! Hay dos formas principales de dinero que probablemente ya conoces: monedas y billetes.

Monedas:
Las monedas son como pequeños tesoros redondos y brillantes. Vienen en diferentes tamaños, formas y colores. Algunas pueden ser doradas, plateadas o de otros colores. Cada moneda tiene un número y a veces dibujos especiales en ellas. Puedes encontrar monedas de diferentes valores, como 1 dollar , 5 dollars o 10 dollars , dependiendo de dónde vivas.

Billetes

Los billetes son como pequeños papeles milagrosos que pueden comprarte muchas cosas. Son más grandes que las monedas y están hechos de papel especial. Los billetes también tienen números y dibujos bonitos en ellos. Puedes encontrar billetes de diferentes colores y valores, como 10 dollars , 20 dollars o 100 dollars .

Tarjetas, otra forma de dinero:

Además de las monedas y billetes, algunas personas usan tarjetas especiales para pagar por cosas. Estas tarjetas son como pequeñas cartas que tienen un valor especial que puedes usar para comprar cosas en las tiendas. Solo necesitas deslizar la tarjeta en una máquina y ¡listo!

Entonces, como ves, el dinero viene en diferentes formas, ¡pero todas son geniales porque nos ayudan a conseguir cosas que necesitamos y queremos!

Usos del dinero

Comprar cosas:
Imagina que vas a la tienda de juguetes y ves un trencito que realmente te gusta. Si tienes dinero, puedes usarlo para comprar el trencito y llevarlo contigo a casa. El dinero te ayuda a obtener cosas que quieres, como juguetes, libros o golosinas en la tienda.

Pagar por servicios:

A veces, necesitamos pagar por servicios que otras personas hacen por nosotros. Por ejemplo, cuando vamos al cine, necesitamos pagar una entrada para ver la película. El dinero nos permite pagar por cosas divertidas como ir al cine, nadar en la piscina o montar en bicicleta en el parque de diversiones.

Comida y necesidades:

También usamos el dinero para comprar comida y otras cosas que necesitamos en casa. Por ejemplo, cuando vamos al supermercado con mamá o papá, usamos el dinero para comprar frutas, verduras, leche y otras cosas que nos ayudan a estar saludables y felices en casa.

Regalos y sorpresas:

A veces, usamos el dinero para comprar regalos especiales para nuestras amistades y familiares. Podemos comprar un juguete para el cumpleaños de un amigo o un regalo para papá y mamá en Navidad. Es una manera de mostrarles cuánto los queremos y apreciamos.

¡Así que ves, el dinero nos ayuda a hacer muchas cosas increíbles y divertidas! Nos permite obtener cosas que nos hacen felices, nos ayuda a cuidarnos y también nos permite hacer felices a las personas que queremos. Es como tener un superpoder que nos ayuda a hacer realidad nuestros sueños y hacer sonreír a los demás.

Si tienes dudas habla con tus padres, ellos te pueden ayudar.

Capítulo 2: ¿Cómo obtener Dinero?

En el primer capítulo de nuestro libro, exploramos el emocionante mundo del dinero y su importancia en nuestras vidas. Los niños aprenden que el dinero es una herramienta que usamos para intercambiar cosas que queremos, como juguetes, libros y comida deliciosa.

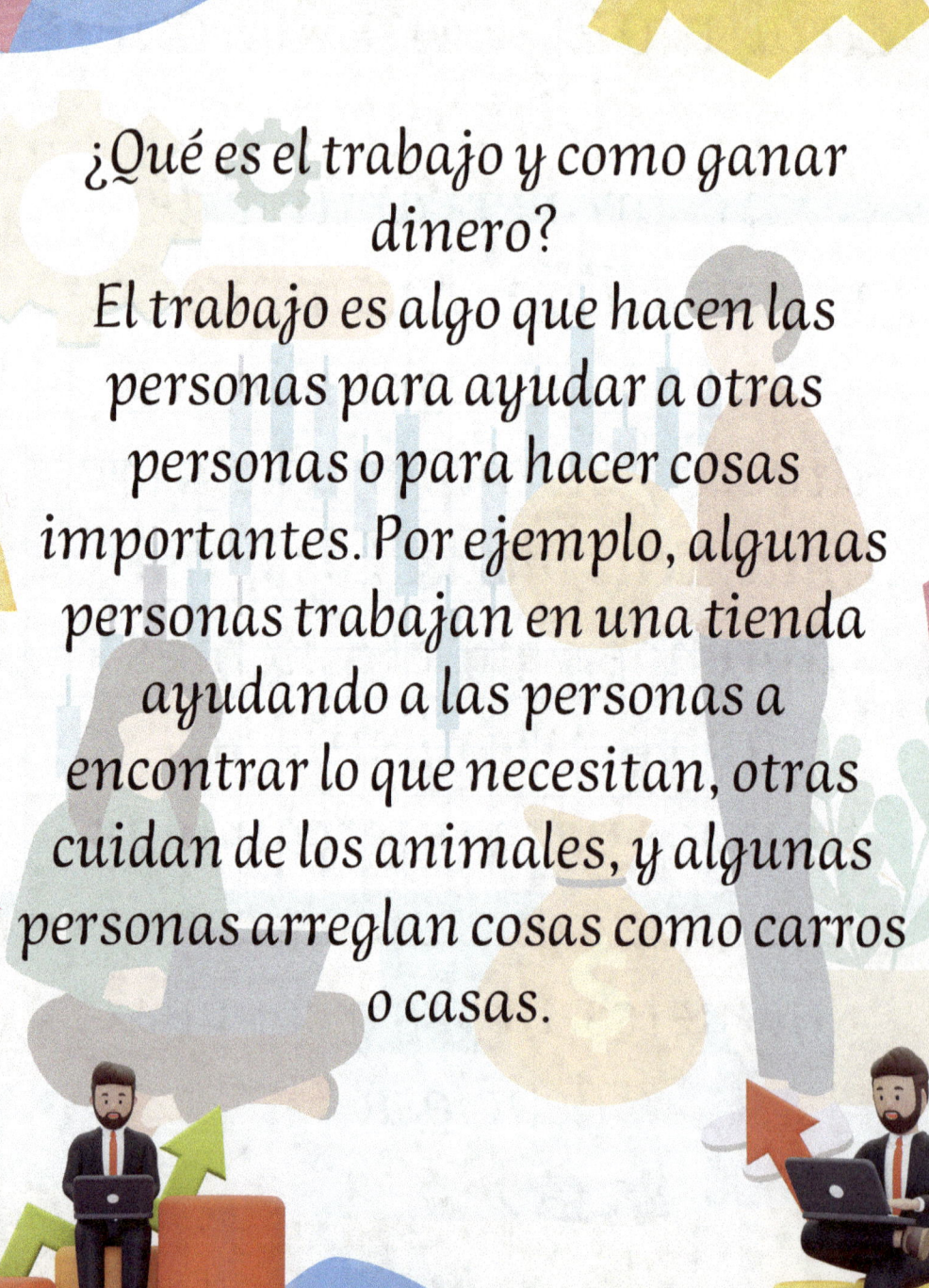

¿Qué es el trabajo y como ganar dinero?

El trabajo es algo que hacen las personas para ayudar a otras personas o para hacer cosas importantes. Por ejemplo, algunas personas trabajan en una tienda ayudando a las personas a encontrar lo que necesitan, otras cuidan de los animales, y algunas personas arreglan cosas como carros o casas.

Cuando las personas hacen un trabajo, a veces reciben dinero por hacerlo. El dinero es algo que usamos para obtener cosas que necesitamos y queremos, como comida, juguetes o ropa bonita.

Cuando mamá o papá van a trabajar, hacen cosas importantes para ayudar a otras personas, como enseñar en la escuela, cuidar a las personas en el hospital, o trabajar en una oficina. A cambio, reciben dinero que luego usamos para comprar cosas para la familia y para nosotros mismos.

Cuando crezcamos, también podremos hacer trabajos para ganar dinero. Puede ser ayudar a limpiar la casa, cuidar a las mascotas, o hacer tareas especiales en la escuela. A medida que aprendamos más y nos hagamos mayores, tendremos más oportunidades de hacer diferentes trabajos y ganar nuestro propio dinero.

Recuerda, el trabajo es importante porque nos ayuda a aprender cosas nuevas, a ser responsables y a ayudar a los demás. Y ganar dinero nos ayuda a cuidar de nosotros mismos y a hacer realidad nuestros sueños

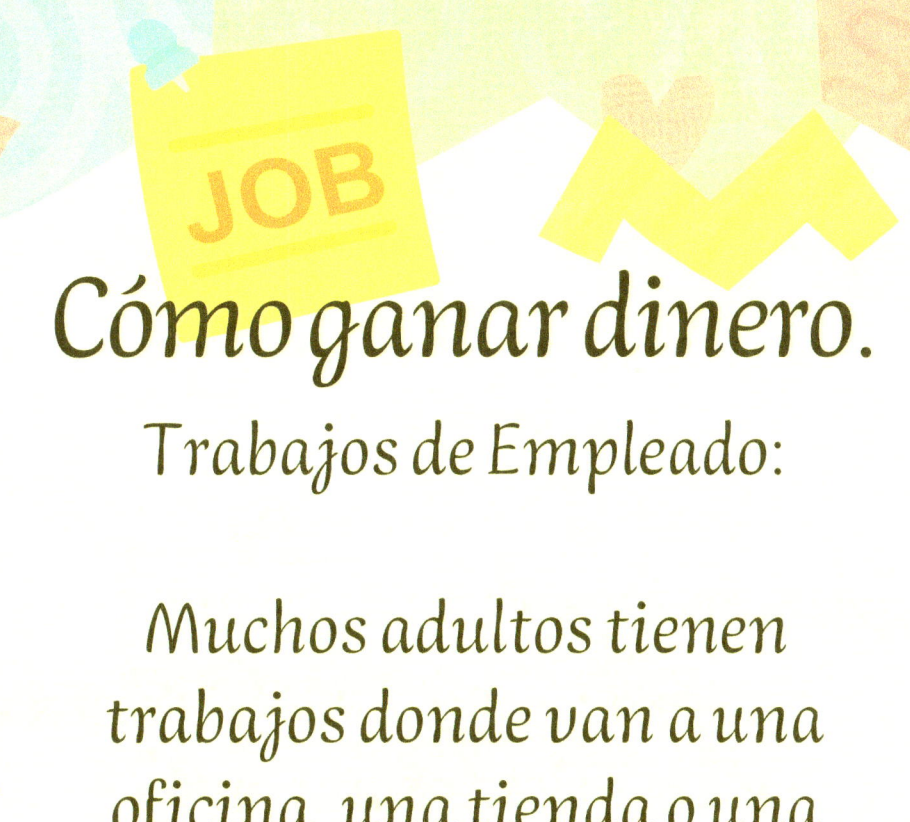

Cómo ganar dinero.

Trabajos de Empleado:

Muchos adultos tienen trabajos donde van a una oficina, una tienda o una fábrica y hacen cosas como ayudar a otras personas, vender cosas o arreglar cosas. A cambio, reciben dinero por el tiempo que trabajan.

Negocios Propios:

Algunos adultos tienen sus propios negocios donde venden cosas que ellos mismos hacen o cosas que otras personas quieren comprar. Pueden ser tiendas, restaurantes, o cualquier idea que se les ocurra para ganar dinero.

Inversiones:

Algunos adultos ponen su dinero en lugares especiales, como en la bolsa de valores, para que puedan ganar más dinero con el tiempo. Es como plantar una semilla que crece y se convierte en un árbol más grande con frutas.

Trabajos de Freelancer:

Algunos adultos hacen trabajos especiales desde casa o en línea para otras personas. Pueden escribir cosas, diseñar cosas o ayudar a otras personas con tareas especiales.

Trabajos Temporales:

Algunas personas trabajan solo por un corto tiempo para ayudar con cosas especiales. Pueden trabajar en eventos o ayudar a limpiar cosas.

¿Qué es la mesada?

¿Alguna vez has escuchado sobre la mesada o asignación? Es algo muy divertido y especial que puedes recibir de tus papás.

Imagina que cada semana o cada mes, tus papás te dan un poco de dinero. ¡Es como un regalo especial que recibes por ser tan genial!

Puedes usar tu mesada para comprar cosas que te gusten, como juguetes, libros o golosinas. Pero aquí viene lo más emocionante: ¡también puedes aprender a ser muy inteligente con tu dinero!

¿Sabes qué significa eso?

Significa que puedes aprender a guardar parte de tu mesada en un lugar seguro, como una alcancía. Así, puedes ahorrar para algo muy especial que realmente quieres tener.

También puedes ayudar con pequeñas tareas en casa, como guardar tus juguetes o ayudar a poner la mesa. ¡Tus papás pueden estar muy contentos con tu ayuda y darte un poquito de dinero extra!

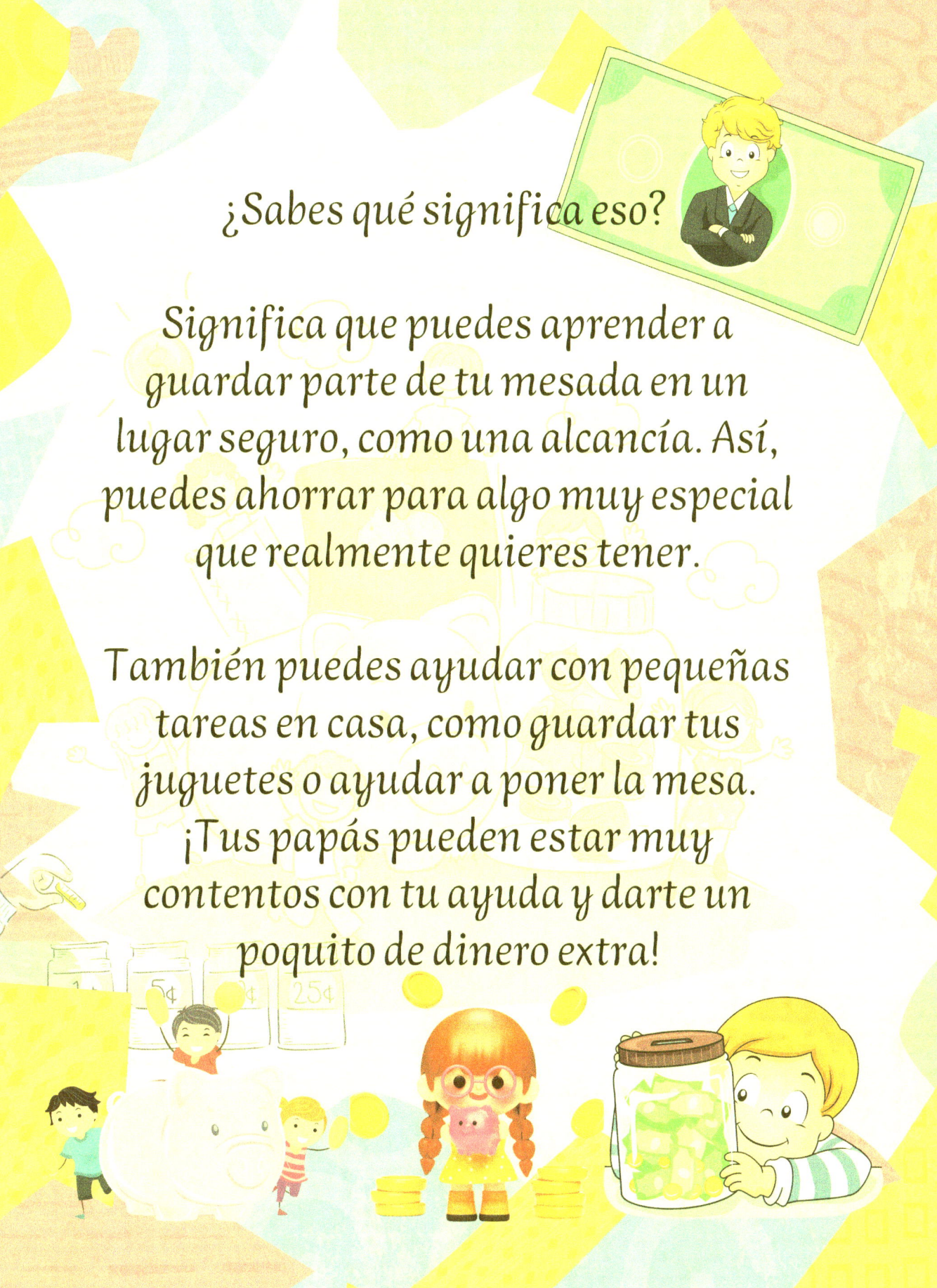

A veces, también podemos cometer errores, como gastar todo nuestro dinero en una sola cosa y luego darnos cuenta de que queríamos algo más. ¡Pero está bien! Aprendemos de nuestros errores y la próxima vez sabremos cómo gastar nuestro dinero de manera más inteligente.

Entonces, la mesada o asignación es como una aventura emocionante donde aprendemos sobre el valor del dinero, cómo ahorrar y cómo tomar decisiones importantes. ¡Es muy divertido y te ayudará a ser muy responsable y genial con tu dinero!"

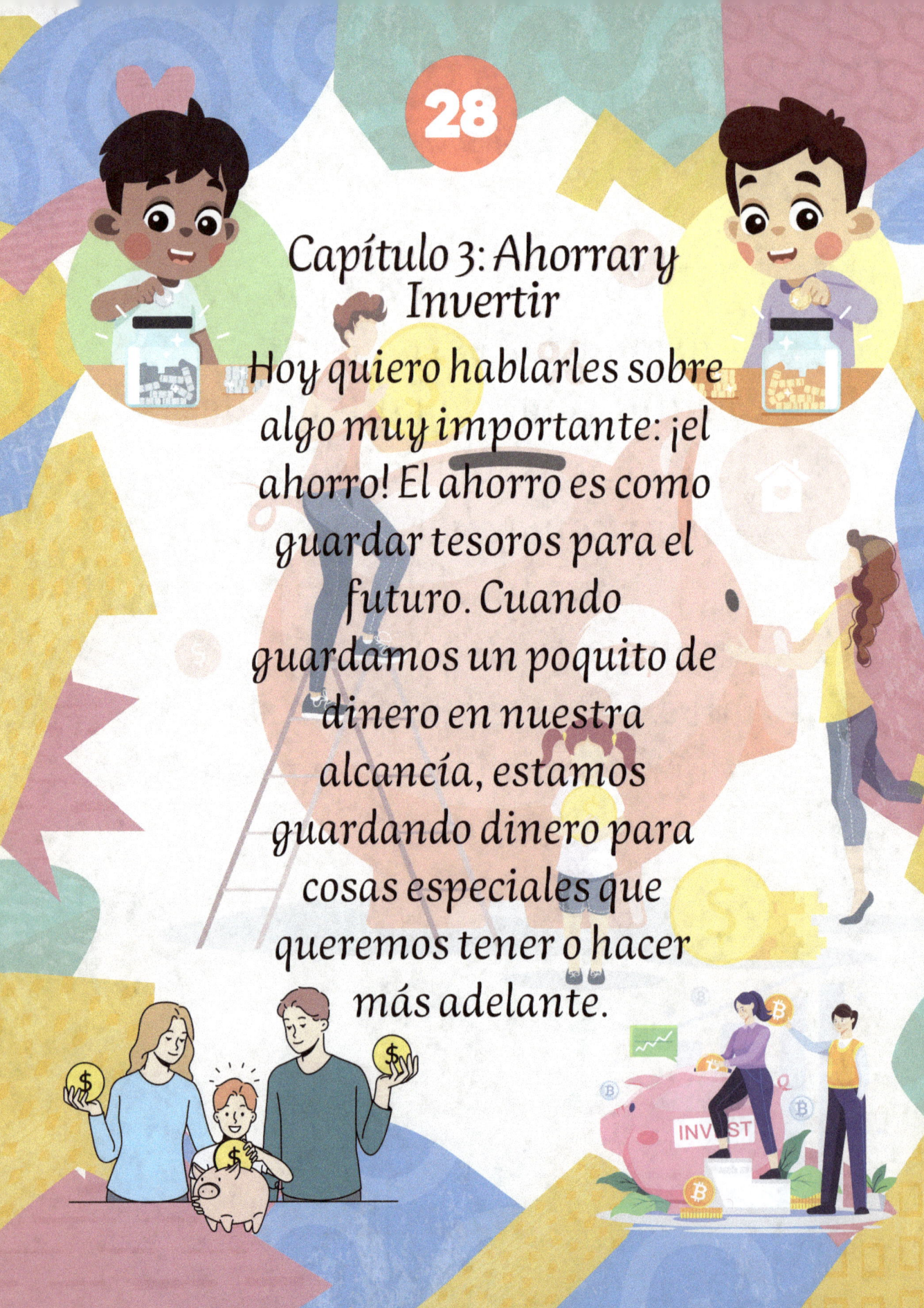

Capítulo 3: Ahorrar y Invertir

Hoy quiero hablarles sobre algo muy importante: ¡el ahorro! El ahorro es como guardar tesoros para el futuro. Cuando guardamos un poquito de dinero en nuestra alcancía, estamos guardando dinero para cosas especiales que queremos tener o hacer más adelante.

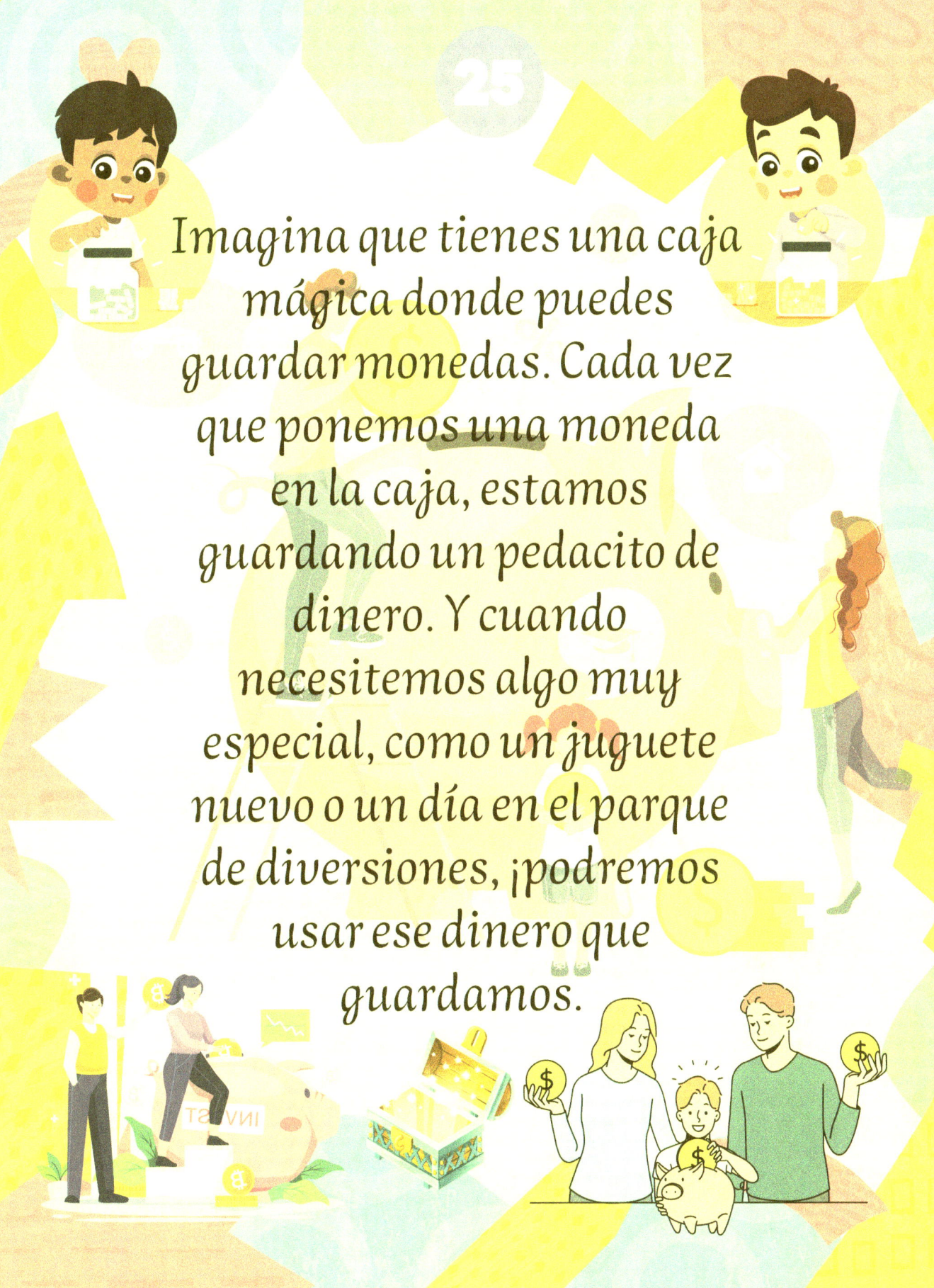

Imagina que tienes una caja mágica donde puedes guardar monedas. Cada vez que ponemos una moneda en la caja, estamos guardando un pedacito de dinero. Y cuando necesitemos algo muy especial, como un juguete nuevo o un día en el parque de diversiones, ¡podremos usar ese dinero que guardamos.

El ahorro nos ayuda a ser responsables y a planificar para el futuro. También nos enseña que es importante no gastar todo nuestro dinero de inmediato, sino guardar un poco para cosas que realmente queremos.

Entonces, la próxima vez que te den un poquito de dinero, ¡no olvides guardar una parte en tu alcancía! Verás cómo poco a poco, tu dinero crecerá y podrás hacer cosas increíbles con él. ¡El ahorro es genial!"

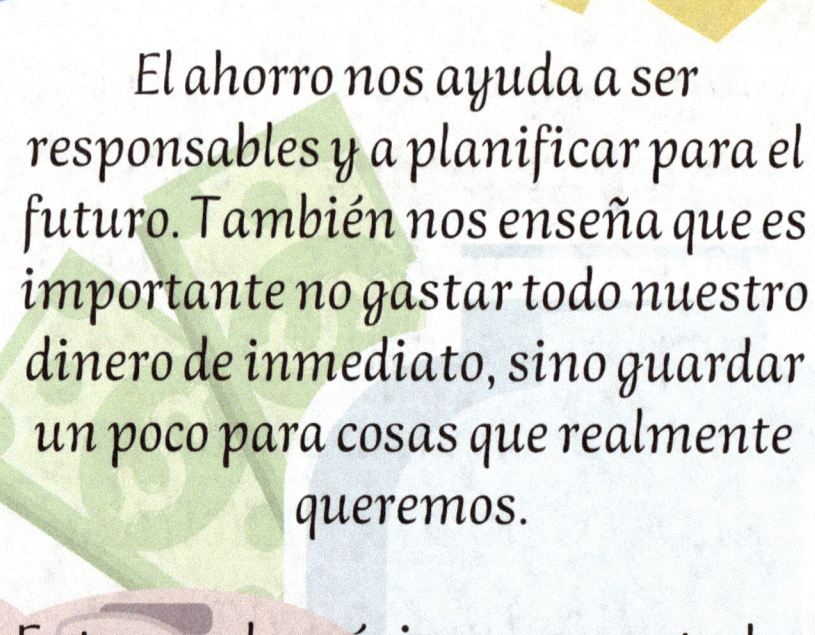

Tengo un juego que te va a encantar:

paso 1: pídele a tus padres que si te pueden hacer un cofre del tesoro, es fácil solo con una cajita de carton estará bien.

paso 2: con cinta adhesiva cierra la caja por todas partes.

paso 3: pídele a tus padres que le hagan una ranura a la cajta y explícales que es para tu guardar tu tesoro.

paso 4 En este punto tienes todo lo que necesitas para comenzar a recolectar tu tesoro y hacerlo crecer.

Ahora si, como todo un pirata navega por la casa, buscando esas monedas que estan escondidas.

Este juego lo vas a hacer por 7 días, y cuando se completen vas a abrir tu cofre del tesoro y ahora si, usando lo aprendido aquí vas a decidir que hacer con tu tesoro, si verlo crecer o verlo desaparecer, la decisión esta en tus manos.

Consejos Para Ahorrar

1. Usa una alcancía: Guarda tu dinero en una alcancía bonita y divertida.

2. Pon metas: Decide para qué quieres ahorrar, como un juguete o algo especial.

3. Distingue entre lo que necesitas y lo que quieres: Piensa antes de comprar si realmente lo necesitas o solo lo quieres

4. **Gana recompensas:** Si ahorras, podrás recibir algo especial o un premio.

5. **Ayuda a decidir en las compras:** Cuando vayas de compras, ayuda a elegir lo mejor y lo más económico.

6. **Organiza tu dinero:** Si te dan mesada, separa tu dinero en tres partes: para gastar, para ahorrar y para donar.

7. **Sigue el ejemplo:** Observa cómo tus padres ahorran y toman decisiones con el dinero, y aprende a hacerlo también.

Gastar de manera responsable significa tomar decisiones inteligentes con nuestro dinero para que podamos disfrutarlo al máximo y también ahorrar para cosas importantes en el futuro. Aquí te explico cómo puedes hacerlo:

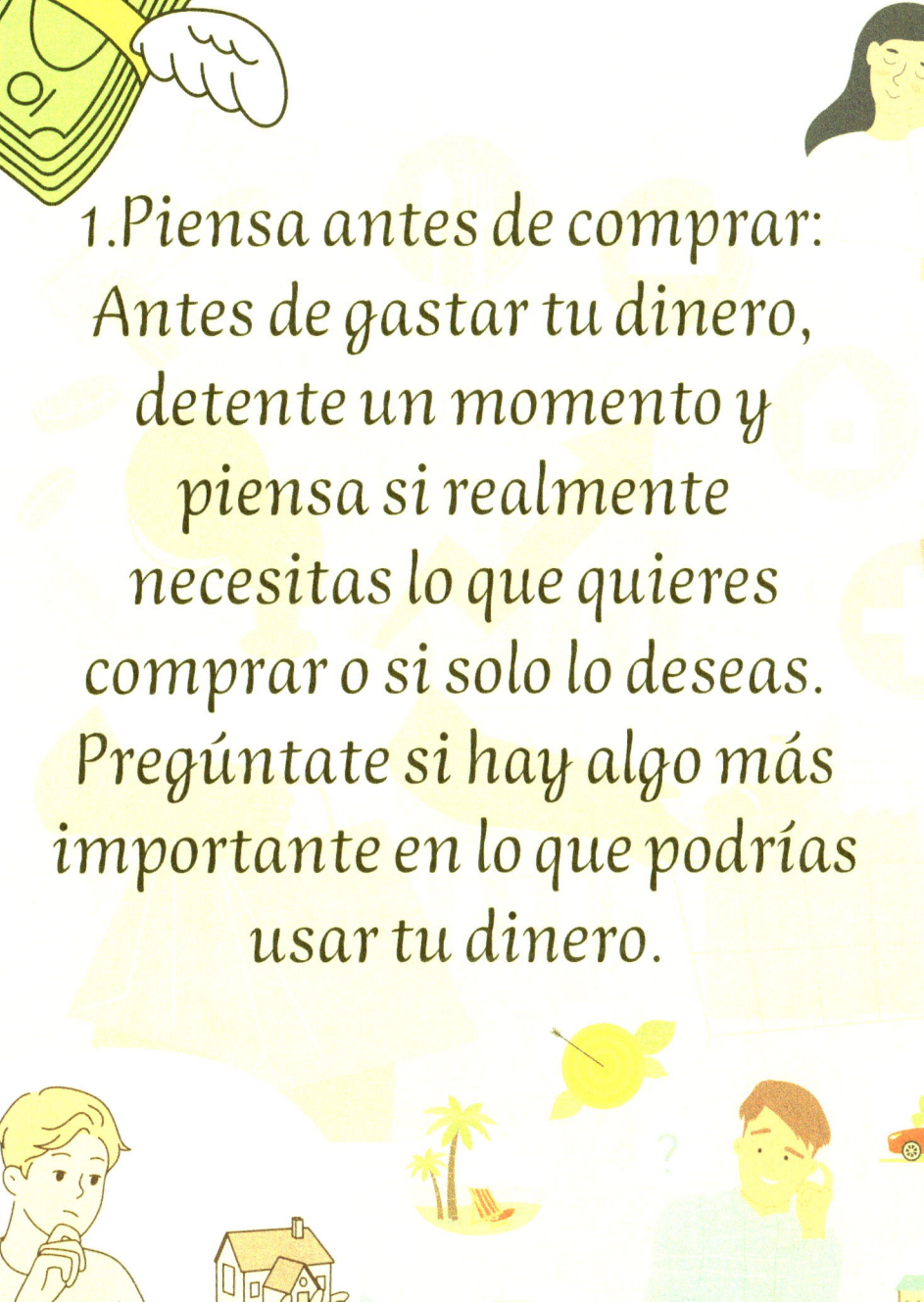

1. Piensa antes de comprar: Antes de gastar tu dinero, detente un momento y piensa si realmente necesitas lo que quieres comprar o si solo lo deseas. Pregúntate si hay algo más importante en lo que podrías usar tu dinero.

2. Compara precios: Cuando quieras comprar algo, compara los precios en diferentes lugares para asegurarte de que estás obteniendo el mejor precio posible. A veces, es mejor esperar y buscar ofertas antes de gastar todo tu dinero.

3. Establece prioridades: Si tienes varias cosas en mente para comprar, piensa en cuál es la más importante para ti en este momento. A veces, es mejor guardar tu dinero para algo que realmente deseas mucho en lugar de gastarlo en cosas pequeñas que no te importan tanto.

4. Cuida tus cosas: Cuando compres algo, cuídalo y úsalo con cuidado para que te dure mucho tiempo. Así, no tendrás que gastar dinero en reemplazarlo pronto.

5. Aprende a decir "no" a veces: A veces, es importante saber decir "no" a ciertas compras impulsivas que realmente no necesitamos. Esto nos ayuda a ser más conscientes de cómo gastamos nuestro dinero.

Recuerda que el dinero es una herramienta poderosa que puede traernos alegría y satisfacción si lo usamos sabiamente. ¡Espero que estos consejos te ayuden a gastar de manera responsable y a disfrutar al máximo de tus compras!

Capítulo 4: Diferentes Tipos de Dinero.

¡Dinero, Dinero en Todas Partes!

¡Hola, pequeños ahorradores! ¿Están listos para otra emocionante aventura en el mundo del dinero? En nuestro último capítulo, aprendimos cómo ganar nuestro propio dinero con tareas y pequeños trabajos. Ahora que ya tenemos algunas monedas y billetes en nuestras alcancías, ¡es hora de explorar los diferentes tipos de dinero que existen!

Podrías pensar que todo el dinero es igual, pero en realidad, ¡hay muchos tipos distintos! En este capítulo, vamos a hacer un mágico viaje en el que descubriremos cómo no todo el dinero se ve o se siente igual. Algunos son brillantes y hacen "clink", otros son suaves y tienen colores divertidos, y algunos ni siquiera podemos tocarlos con nuestras manos.

Vamos a convertirnos en detectives del dinero y vamos a investigar los distintos tipos de dinero que las personas usan todos los días. Desde las monedas que puedes encontrar debajo de los cojines del sofá hasta los billetes que se guardan en las carteras, ¡hay mucho que aprender!

Así que pónganse sus sombreros de explorador y prepárense para una aventura llena de sorpresas y descubrimientos. ¡Es hora de aprender sobre el dinero de papel, las monedas, las tarjetas ¡e incluso el dinero digital! ¿Sabías que puedes tener dinero en una computadora? ¡Sí, es verdad!

Abróchense los cinturones, amigos, porque el Capítulo 4 de "ABC Money for Kids" está a punto de comenzar, y ustedes están invitados a unirse a la diversión. ¡Vamos a descubrir juntos los diferentes tipos de dinero y a ser unos expertos en el tema!

Monedas y Billetes

¡Hola, chicos y chicas! Hoy vamos a hablar sobre el dinero, pero no cualquier dinero, vamos a hablar sobre los dólares, que es la moneda que se usa en países como Estados Unidos. ¿Están listos para convertirse en pequeños expertos en dólares? ¡Vamos allá!

Imaginen que tienen una alcancía llena de monedas y billetes de diferentes colores y tamaños. Cada una de esas monedas y cada uno de esos billetes tiene un nombre especial y un valor.

Empecemos con las monedas:

 **1. El Penny:** Es la monedita más pequeñita y vale 1 centavo. Es de color cobre, y si juntamos 100 de estas, ¡tenemos 1 dólar!

 **2. El Nickel:** Esta moneda vale 5 centavos. Es más grande que el penny y es de color plateado. Si juntamos 20 nickels, ¡también hacemos 1 dólar!

 **3. El Dime:** Es la monedita de 10 centavos. Aunque es más chiquitita que el nickel, ¡vale más! Con 10 dimes llegamos a 1 dólar.

 **4. El Quarter:** Esta es una moneda grande y vale 25 centavos. Si tienen 4 quarters, ¡eso hace 1 dólar!

Ahora, hablemos de los billetes. Los billetes son como papeles especiales que no se rompen fácilmente y tienen dibujos muy importantes. Cada billete tiene un número y un color diferentes:

1. El Billete de 1 Dólar:
Es de color verde y tiene el número 1 grande en cada esquina.
¡Este es George Washington en el frente!

2. El Billete de 5 Dólares:
También es verde pero tiene un poco de morado y el número 5.
Abraham Lincoln, otro presidente, está en el frente.

3. El Billete de 10 Dólares:
Este tiene a Alexander Hamilton en el frente y es de color verde con un poco de naranja.

4. El Billete de 20 Dólares:
Tiene el número 20 y es verde con un poco de melocotón.
Andrew Jackson está sonriendo en el frente.

5. El Billete de 50 Dólares:
Este es de color rojo y verde y muestra a Ulysses S. Grant.

6. El Billete de 100 Dólares: Es el billete con el número más grande que suelen ver en las tiendas, tiene un poco de color azul y Benjamin Franklin en el frente.

Cada vez que quieran comprar algo, tienen que mirar cuánto cuesta y luego elegir la combinación correcta de monedas y billetes para pagar el precio justo. ¡Es como un rompecabezas divertido con dinero!

Así que, cuando tengan dólares en sus manos, recuerden cuánto vale cada monedita y cada billete, y podrán ser muy buenos manejando su propio dinero. ¡Espero que ahora se sientan como pequeños expertos!

Let's play together

Aquí les traigo tres actividades divertidas para que ustedes puedan jugar y aprender sobre el dinero en dólares junto con sus padres.

Actividad 1: La Tienda de Juguetes Casera

Materiales:
- Monedas y billetes de juguete o dibujados en papel.
- Algunos juguetes o artículos de la casa para "vender".
- Etiquetas o papelitos para poner precios.

Instrucciones:
1. Junto con sus padres, transformen una parte de la sala o del cuarto en una pequeña tienda de juguetes.
2. Coloquen etiquetas con precios en los juguetes usando números que sean fáciles de sumar (por ejemplo, $1, $5, $10).
3. Los niños serán los clientes y los padres los vendedores.
4. Los niños deben elegir los juguetes que quieren "comprar" y pagar con las monedas y billetes de juguete la cantidad exacta.
5. Después, pueden intercambiar roles para que los niños sean los vendedores y los padres los clientes.

Objetivo: Aprender a reconocer el valor de las monedas y billetes y a sumar cantidades para hacer pagos exactos.

Actividad 2: El Banco Familiar

Materiales:
- Un frasco o caja para usar como "banco".
- Monedas y billetes de juguete.
- Libreta pequeña para registrar los "ahorros".

Instrucciones:
1. Crear un banco familiar donde los niños puedan "depositar" y "retirar" dinero.
2. Cada vez que depositen dinero, anotarán en la libreta cuánto dinero han guardado y qué tipo de monedas o billetes usaron.
3. De vez en cuando, los niños pueden hacer "retiros" para comprar cosas de la tienda de juguetes casera.
4. Los padres pueden ayudar a contar el dinero y asegurarse de que las cuentas sean correctas en la libreta.

Objetivo: Enseñar a los niños a ahorrar dinero y a llevar un registro de sus ahorros y gastos.

Actividad 3: El Juego de Compras con Lista

Materiales:
- Monedas y billetes de juguete.
- Una lista de "compras" con precios.
- Varios objetos de la casa o juguetes para comprar.

Instrucciones:
1. Los padres preparan una lista de compras con varios objetos y les asignan precios.
2. Los niños reciben una cantidad fija de dinero en monedas y billetes de juguete.
3. Deben "comprar" los objetos de la lista sin gastar más del dinero que tienen.
4. Si les sobra dinero después de comprar los objetos, pueden guardarlo en su banco familiar.

Objetivo: Practicar habilidades matemáticas básicas, como la suma y la resta, y aprender a tomar decisiones sobre qué comprar con una cantidad limitada de dinero.

A los padres:
Solo recuerde que es sumamente importante que comparta Está actividades con sus hijos

Capítulo 5: Compartir y Donar.

En el mundo de las finanzas, hay una parte muy importante que a veces olvidamos: compartir y donar. ¿Sabes qué significa compartir?

Es cuando tenemos algo y decidimos darle un poco a alguien más.
¿Y sabes que es donar?

Donar es cuando damos algo sin esperar nada a cambio.

Imagina que tienes una deliciosa galleta de chocolate. ¡Qué suerte! Pero, ¿sabes qué haría aún más feliz a esa galleta? ¡Compartirla con un amigo! Cuando compartimos, no solo hacemos felices a otros, también nos sentimos bien por dentro.

Ahora, piensa en algo que tengas y que no necesites tanto. Puede ser un juguete, ropa que ya no te queda o incluso un poco de dinero.
¿Qué tal si lo donamos?
Donar es una manera maravillosa de ayudar a otras personas que lo necesitan más que nosotros.

Imagina que tienes una hucha, donde guardas tu dinero. Es importante ahorrar, ¿verdad? Pero también es importante recordar que el dinero puede hacer más que solo quedarse en la hucha. Puede ayudar a hacer el bien en el mundo.

¿Te gustaría ayudar a los niños que no tienen juguetes? Podemos donar algunos de los juguetes que ya no usamos. ¿O qué tal si ayudamos a los animalitos que no tienen hogar? Podemos donar un poco de dinero a un refugio de animales

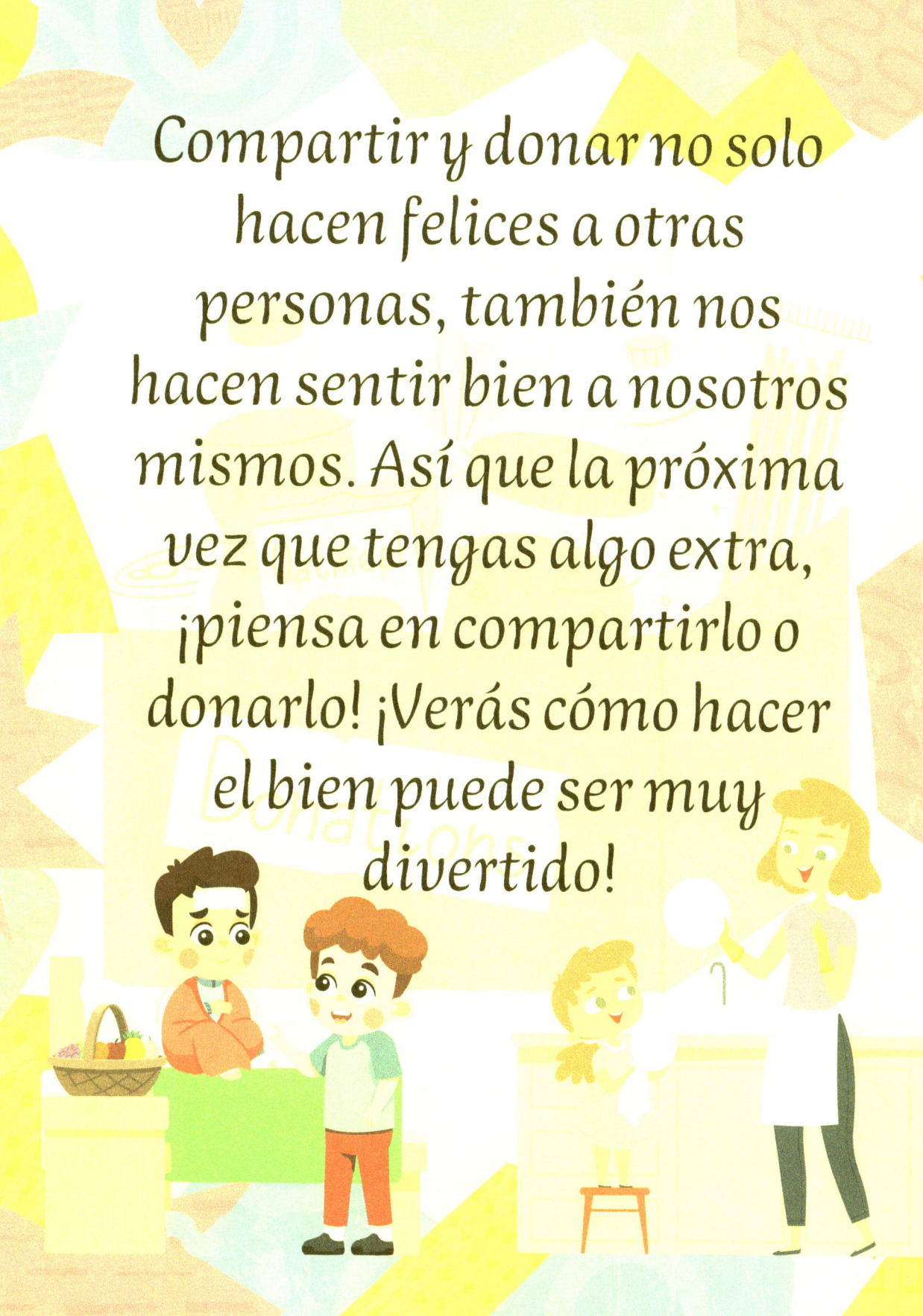

Compartir y donar no solo hacen felices a otras personas, también nos hacen sentir bien a nosotros mismos. Así que la próxima vez que tengas algo extra, ¡piensa en compartirlo o donarlo! ¡Verás cómo hacer el bien puede ser muy divertido!

Imagina que estamos en el supermercado con mamá o papá. Mientras recorremos los pasillos llenos de comida deliciosa, podemos ver que algunas personas no pueden comprar todo lo que necesitan. A veces, algunas familias tienen dificultades para obtener suficiente comida para todos.

¿Qué crees que podríamos hacer para ayudar? Podemos comprar un par de alimentos extras, como latas de frijoles, cajas de cereal o botellas de agua, y llevarlas a un banco de alimentos. Los bancos de alimentos son lugares especiales donde las personas pueden obtener comida gratis cuando lo necesitan.

Al llevar esos alimentos extra al banco de alimentos, estamos ayudando a que otras familias tengan comida suficiente para comer. ¡Y eso es maravilloso! Incluso si solo podemos ayudar un poco, cada pequeño gesto cuenta y puede marcar una gran diferencia en la vida de alguien más.

Incluso cuando solo tenemos un poco, podemos hacer mucho bien si lo compartimos o donamos. ¡Juntos podemos hacer del mundo un lugar mejor para todos!

Capítulo 6: Juegos y Actividades

1. ¿Qué es el dinero? - "La Tiendita"

- **Descripción:** Configura una pequeña "tienda" en casa con productos como juguetes, frutas o cajas vacías de productos reales. Utiliza monedas y billetes de juguete para representar el dinero.

- **Cómo jugar:** Dile a los niños que el dinero es como un tipo de magia que podemos intercambiar por cosas que queremos o necesitamos. Ellos pueden comprar y vender artículos en la tiendita, usando el dinero de juguete para entender que cada cosa tiene un valor y que el dinero es un acuerdo entre las personas para intercambiar cosas.

2. ¿Cómo obtener dinero?

"El Juego de las Profesiones"

Descripción: Crea tarjetas de diferentes profesiones y asigna tareas sencillas relacionadas con cada una, como "doctor" (curar a un muñeco), "profesor" (enseñar el abecedario), o "jardinero" (regar plantas de plástico).

Cómo jugar: Explica que las personas ganan dinero trabajando y ayudando a los demás. Cada vez que un niño completa una tarea de su 'profesión', recibe una cantidad de dinero de juguete. Esto les enseña que el dinero se obtiene a través del esfuerzo y el trabajo.

3. ¿Cómo ahorrar e invertir?
"El Banco del Cerdo"

Descripción: Dale a cada niño una alcancía o un frasco transparente para que guarden su dinero.

Cómo jugar: Enséñales que si ponen una parte del dinero que ganan en su alcancía y no lo gastan de inmediato, después tendrán más para comprar algo grande que realmente desean. También, puedes simular un "banco" donde prestas pequeñas cantidades de monedas de juguete con el compromiso de que te devuelvan un poco más tarde, ilustrando así el concepto de interés.

4. Diferentes tipos de dinero:

"Dinero alrededor del mundo"

Descripción: Imprime o dibuja diferentes tipos de dinero de varios países, incluyendo monedas, billetes y también formas de dinero digital (puedes usar representaciones simplificadas).

Cómo jugar: Muestra a los niños que en diferentes lugares la gente usa diferentes tipos de 'papelitos' y 'moneditas' para comprar cosas. Puedes incluir dinero en efectivo, tarjetas de crédito de juguete y una representación de pagos por internet para enseñarles sobre el dinero digital.

5. Compartir y donar

"El Juego de la Generosidad"

Descripción: Proporciona a los niños dinero de juguete que han "ganado" en los juegos anteriores y presenta oportunidades para compartir o donar parte de ese dinero a causas ficticias o necesidades de otros jugadores.

Cómo jugar: Enséñales que además de comprar cosas para nosotros, podemos hacer felices a otros compartiendo o dando dinero para ayudar. Pueden "donar" a causas como un refugio de animales de juguete o un fondo para reparar el parque de juegos.

6. Gastar y disfrutar sabiamente

"El Gran Día de Compras"

Descripción: Organiza una serie de artículos que los niños pueden "comprar" con el dinero que han ahorrado.

Cómo jugar: Enséñales que el dinero es para gastarlo también, pero que es importante pensar bien en qué lo vamos a gastar. Deben elegir entre varias opciones, algunas necesarias y otras no tanto, y puedan ver las consecuencias de sus elecciones; por ejemplo, si compran demasiados dulces y no un 'alimento' para su muñeco, pueden ver que su muñeco 'se enferma' por no comer saludable.

Capítulo 7: A Papá y Mamá.

Me dirijo a ustedes con entusiasmo y gratitud al presentarles un proyecto educativo que involucra a sus hijos de una manera divertida y enriquecedora. Como autor de un libro destinado a enseñar a los niños sobre finanzas de una manera accesible y entretenida, reconozco la importancia de su participación en el proceso de aprendizaje de sus hijos.

El libro que sus hijos están usando no solo trata sobre el valor del dinero y cómo administrarlo adecuadamente, sino que también promueve valores fundamentales como la generosidad, la responsabilidad y la empatía. Creo firmemente que, al aprender sobre finanzas desde una edad temprana, los niños pueden desarrollar habilidades importantes que les servirán a lo largo de sus vidas.

Como padres, ustedes son los modelos a seguir más importantes para sus hijos. Su participación activa en las actividades propuestas en el libro puede marcar una gran diferencia en el aprendizaje y desarrollo de sus hijos. Les animo a dedicar tiempo para explorar las páginas de este libro junto a sus hijos, participando en los juegos, discutiendo los conceptos y fomentando conversaciones significativas sobre el dinero y la importancia de compartir y ayudar a los demás.

Además, al participar en estas actividades, no solo están apoyando el aprendizaje de sus hijos, sino que también están fortaleciendo los lazos familiares y creando recuerdos duraderos juntos. Es una oportunidad para compartir momentos especiales mientras se involucran en la educación financiera de sus hijos.

Estoy emocionado de embarcarnos en este viaje educativo junto a ustedes y sus hijos. Espero que disfruten explorando las páginas de este libro y descubriendo las valiosas lecciones que tiene para ofrecer.

Conclusiones

Queridos lectores,

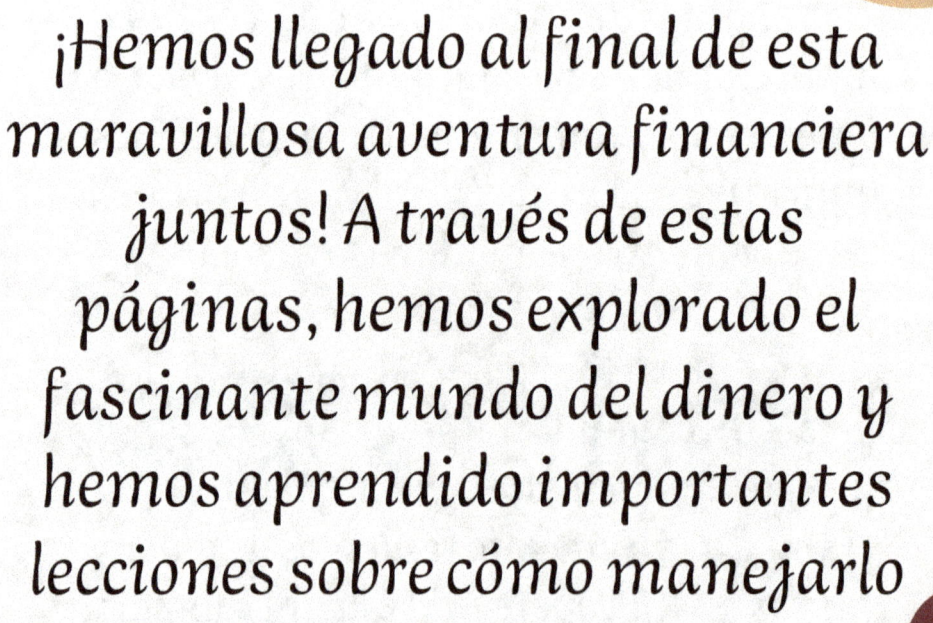

¡Hemos llegado al final de esta maravillosa aventura financiera juntos! A través de estas páginas, hemos explorado el fascinante mundo del dinero y hemos aprendido importantes lecciones sobre cómo manejarlo de manera inteligente y responsable.

En el primer capítulo, descubrimos juntos qué es el dinero y por qué es tan importante en nuestras vidas.

En el segundo, aprendimos cómo podemos obtener dinero a través del trabajo duro y la creatividad.

En el tercero, exploramos la importancia del ahorro y la inversión para asegurar un futuro financiero estable.

En el cuarto, descubrimos las diferentes formas de dinero que existen en el mundo y cómo cada una tiene su propio valor y uso.

En el quinto, reflexionamos sobre la importancia de compartir y donar parte de nuestro dinero para ayudar a los demás y hacer del mundo un lugar mejor.

Y finalmente, en el sexto, nos divertimos con una serie de juegos y actividades diseñadas para poner en práctica todo lo que hemos aprendido y seguir fortaleciendo nuestros conocimientos financieros.

A lo largo de este viaje, quiero expresar mi más sincero agradecimiento a cada uno de ustedes, ya sean niños curiosos explorando el mundo del dinero por primera vez o padres dedicados que comparten este libro con sus hijos. Su entusiasmo, su compromiso y su amor por el aprendizaje han sido la clave de este proyecto, y por eso les estoy profundamente agradecido.

Además de todo lo anterior expuesto, solo quiero agregar que es mi deseo poder enseñarles este maravilloso mundo de abundancia que va mas allá del bienestar económico, ya que lo que de verdad vale e importa para nosotros como seres humanos no se puede ver ni tocar.

Recuerden siempre que el conocimiento es el mejor tesoro que podemos poseer, y que al aprender a manejar el dinero de manera responsable, estamos sentando las bases para un futuro brillante y lleno de posibilidades.

Así que sigan explorando, sigan aprendiendo y, sobre todo, sigan soñando en grande. ¡El mundo está lleno de oportunidades esperando ser descubiertas!

Con todo mi cariño y gratitud,

Oliver J Cantillo

Agradecimientos Super Especiales

A mi hijo:

Hijo papá te dedica este libro, a sido concebido y creado con tanto amor, para todos los niños del mundo, eso te incluye a ti, eres especial, si te apoyas en este libro estarás sentando las bases para tu precioso futuro, puede que sea el primero, pero no el último que leerás. Vive cada día al máximo, y no dejes que nadie apague tu luz, ni siquiera yo.

Todos nacemos en un mundo de gran abundancia, pero nos enseñan a vivir en escaces, tu no vas a ser libre, ya tu lo eres, no vas a ser millonario porque ya tu lo eres, debes saber que todo lo que quieres de verdad puede ser tuyo si realmente lo crees.

Recuerda esto siempre que te sientas débil, para el que cree todo es posible y te recalco, TODO es Posible.

ABC For Money kids!

Descubre el fascinante mundo del dinero

En esta cautivadora obra, los jóvenes lectores serán guiados en un emocionante viaje de aprendizaje financiero que les enseñará la importancia y el valor del dinero desde temprana edad. Acompaña a nuestros protagonistas en divertidas aventuras mientras descubren cómo ahorrar, gastar de forma inteligente y planificar un futuro financiero brillante.

Con un enfoque didáctico y entretenido, este libro ofrece:
- Una introducción amigable al concepto de dinero y su función en la vida cotidiana.
- Consejos prácticos para gestionar el dinero de forma responsable y sostenible.
- Actividades interactivas y ejemplos ilustrativos que facilitan la comprensión y el aprendizaje.
- Valiosas lecciones sobre la importancia del ahorro, la planificación y la toma de decisiones financieras.

¡Prepárate para embarcarte en una aventura educativa y divertida que transformará la manera en que los niños ven el dinero!

"Un libro imprescindible para sembrar las semillas del conocimiento financiero en las mentes jóvenes."

¡Descubre el poder del dinero y aprende a manejarlo con inteligencia desde hoy mismo!

por Oliver J Cantillo

www.ingramcontent.com/pod-product-compliance
Lightning Source LLC
Chambersburg PA
CBHW062316220526
45479CB00004B/1186